W0034763

Nahrung für die Seele

K. O. Schmidt

Schönheit des Alters

Nahrung für die Seele

K. O. Schmidt

Schönheit des Alters

Verlag Hermann Bauer
Freiburg im Breisgau

Die Deutsche Bibliothek – CIP-Einheitsaufnahme

Schmidt, Karl O.:
Schönheit des Alters / K. O. Schmidt
2. Aufl. – Freiburg im Breisgau : Bauer, 1998
 (Nahrung für die Seele)
 ISBN 3-7626-0578-5

Herausgegeben von Richard Reschika

2. Auflage 1998
ISBN 3-7626-0578-5
© 1998 by Verlag Hermann Bauer KG, Freiburg i. Br.
Einband: Ralph Höllrigl, Freiburg i. Br.
Satz: Fotosetzerei G. Scheydecker, Freiburg i. Br.
Druck und Bindung:
Freiburger Graphische Betriebe, Freiburg i. Br.
Printed in Germany

Inhalt

RICHTIG LEBEN

Richtig lebt, wer die besonderen Möglichkeiten seines Lebensabschnitts erkennt, bejaht und freudig ausschöpft. Wer so lebt, der versteinert nicht, sondern verklärt und durchsonnt sein Dasein und erfüllt es, je älter er wird, immer sichtbarer mit der frohen Gelassenheit dessen, der sich zu jeder Zeit geborgen und zu ewigem Leben und Fortschritt berufen weiß.

Die größten Weisheiten der Menschheit sind – Altersweisheiten. Gerade die Reife des Alters macht den Menschen, der gelernt hat, nicht zu versteinern, sondern diesen Lebensabschnitt zu verklären, für die Erkenntnisse und Einsichten wach und aufnahmefähig, die der Jugend noch verschlossen sind.

Der alte Goethe meinte mit Recht, daß zu bedauern sei, der »die Vergänglichkeit der Dinge und des Lebens beklagt und sich in Betrachtung irdischer Nichtigkeiten verliert, *sind wir doch dazu da, das Vergängliche unvergänglich zu machen*«. Bei Erfüllung dieser Aufgabe wird uns, statt des Älterwerdens, unsere eigene Unvergänglichkeit bewußt.

Die meisten Sterblichen, sagt Seneca, klagen über die Ungunst der Natur, weil sie »nur für eine kurze Lebensdauer geboren würden und weil die Frist der ihnen verliehenen Zeit so reißend schnell ablaufe, daß sie, wenn sie mit den Zubereitungen für das Leben fertig seien, es schon wieder verlassen müßten. In Wirklichkeit haben sie nicht zuwenig Zeit, sondern sie verschwenden zuviel davon. Auch zur Vollbringung der größten Werke ist das

Leben lang genug, wenn es nur gut, das heißt: zu etwas Gutem verwendet wird.«

Gerade im Alter lohnt es sich, hierüber nachzudenken und zu versuchen, im Blick auf die Gunst wie die Kunst des Altseins etwas Gutes, ja das Bestmögliche aus dem Leben zu machen. Das aber heißt: Erkenne, daß im Ablauf des Daseins jedes Stück der Lebensbahn seinen besonderen Wert und seine Aufgaben hat, die als solche erfüllt werden wollen!

Die *Gunst des Altseins* – wie die jedes Lebensabschnitts – besteht in der Tatsache, daß man nicht von der körperlichen

Kraft und Tüchtigkeit, von den Jahren oder den Umständen abhängt, sondern durch rechtes Denken und Verhalten seine Überlegenheit, Selbst-Gewißheit und Zielgerichtetheit erweisen kann, zumal man in den höheren Lebensjahren dazu die nötige Übersicht, Reife und Gemütsruhe mitbringt.

Daß man auch die *Kunst des Altseins* beherrscht, beweist man, indem man von diesen Möglichkeiten den würdigsten und besten Gebrauch macht. Diese Kunst kann jeder meistern, weil man, wie Schopenhauer betont, »im Alter wirklich weiß, was man in der Jugend zu wissen glaubt. Nur wer alt ist, erhält eine vollständige und angemessene Vorstellung vom Leben, indem er es in seiner Ganzheit übersieht. *Darum entstehen auch gewöhnlich erst im Alter die reifsten Werke.* Die ersten 40 Jahre liefern den Text, die nächsten den Kommentar dazu, der uns den wahren Sinn und Zusammenhang des Lebens nebst allen Feinheiten recht verstehen lehrt. In der ersten Lebenshälfte müssen die Ideen, die Grundgedanken gesammelt und eingetragen werden; aber die Verarbeitung und Beherrschung dieses Stoffes ist Werk des späten Alters.«

Der handelt weise, der sich in der Kunst übt, sich der Gunst des Altseins durch rechte Nutzung seiner Zeit und seiner Möglichkeiten jeden Tag aufs neue würdig zu erweisen.

Das Alter ist weder ein Stillstand noch ein Wartestand, sondern eine Entwicklungsphase wie alle früheren mit neuen Aufgaben und Möglichkeiten. Das Leben ist ewig im Fluß, und solange der Mensch bewußt an ihm teilnimmt, ist er lebendig, schöpferisch und unentbehrlich.

Es gilt zu erkennen, daß *jeder* Abschnitt im Leben seine besonderen Abläufe, Entwicklungen, Krisen und neuen Möglichkeiten hat und daß man aus *jedem* weit mehr positive Werte und Höhepunkte gewinnen kann, als man ahnt. *Auch die Entwicklungsphasen des höheren Lebensalters sind nicht Abstieg, Abbau und Verfall, sondern Aufstieg.*

Der Geist ist, wie das Leben, ein ewig Fortschreitender, und das Dasein ist ein Stufengang, der ständig höher führt zu neuen Einsichten und Werten, Weisheiten und Gewißheiten. Wer diese Höhepunkte bejaht, wer die *Schönheit des Alters* erkennt, die der der vorangegangenen Lebensabschnitte in keiner Weise nachsteht, der bewirkt, daß das Alter das ganze Leben krönt und verklärt.

Das Schönste am Altwerden ist das *Miteinander-Altwerden*, sagte ein betagter Arzt, dem man wie seiner Lebensgefährtin ansah, wie wahr das Dichterwort ist: *»Wenn Menschen sich lieben, bleiben sie jung füreinander.«* Und warum? Weil die Liebe eine Kraft ist, die uns über die flüchtige Zeit erhebt, und weil in der Liebe das Ewige in uns sich dem Ewigen im anderen zuneigt und dem Vergänglichen an uns mehr Dauer verleiht.

Was der ältere Mensch ebenso braucht wie der junge ist *Liebe*. Der chinesische Weise Me-Ti hat recht: »Führen wir alles Elend, alle Not und Unzufriedenheit, allen Haß und Streit in der Welt auf ihren Ursprung zurück, so entspringen sie alle aus dem Mangel an gegenseitiger Liebe. Darum sei gütig und voll Liebe zu allem, was lebt!«

Herzensgüte versteht es, mit kleinen Freundlichkeiten und Aufmerksamkeiten Sonne in den Alltag zu tragen und Quellen der Freude und Dankbarkeit zum Fließen zu bringen. An die Stelle negativer Wertungen setzt sie positive Zielsetzungen, für die der Mensch in den höheren Lebensjahren doppelt empfänglich ist, weil er die *Liebe* spürt, die alles verklärt.

Herzensgüte versteht es, das Älterwerden statt als Last als *Aufgabe* zu erkennen, das Selbstwertgefühl und frohe Interesse am Leben zu steigern, die lebendige Teilhabe an allem zu erweitern, den höheren Jahren neuen Lebensinhalt zu geben und bisher schlummernde Kräfte und Talente zur Entfaltung zu bringen.

Sie weiß, daß der Mensch auch und gerade im Alter nicht nur beschäftigt, sondern *schöpferisch und nützlich* sein und in dem, was er vollbringt, sich selbst erfüllen und verwirklichen, darbringen und vollenden will – und es auch kann!

Herzensgüte wird ihm damit zugleich zu jener heiteren Gelassenheit verhelfen, die aus dem Vertrauen zur inneren Führung und zur Sinnerfülltheit des Lebens erblüht. Und nicht zuletzt wird sie die Bande zwischen Jugend und Alter inniger knüpfen, so daß in der Begegnung mit den Kindern die eigene Kindheit neu ersteht und zugleich das Alter beglückt als Zeit der Ernte, Reifung und Führung bejaht wird.

DIE LICHTEN SEITEN
DES ALTERS

Der große Arzt Feuchtersleben lehrt in seiner »Diätetik der Seele«, wie man sich vor allem dadurch zufrieden, gelassen und gesund erhält, daß man »die Vorzüge jedes Lebensalters zu erkennen, zu schätzen und auszubilden versteht: die Frische und kraftvolle Unbewußtheit der Jugend, die besonnene Mäßigung der Männlichkeit, den bewußten und ruhigen Überblick des Alters. *Die gütige Natur hat jede Zeit des*

Lebens mit Blüten geschmückt und mit Früchten bedacht.«

Das erkennt und nützt, wer sich »in der steten dankbaren Aufmerksamkeit auf die Millionen unbemerkter, immer wiederkehrender Freuden übt, die uns der Lauf der Stunden zufließen läßt. Wie viele freudige Empfindungen läßt man vor allem im Alter mit stumpfer Gleichgültigkeit vorübergehen, deren Anerkennung dauerndes Behagen geben würde!«

Keiner sah die lichten Seiten des Alters wohl deutlicher als der große amerikanische Lebensphilosoph Ralph Waldo

Emerson (1803–1882), der in einem seiner Essays am Beispiel großer Lebensmeister diese Vorzüge sichtbar machte. Er sprach von dem Venetianer Dandolo, der »mit 84, obwohl blind, zum Dogen gewählt wird, mit 94 Konstantinopel erstürmt und, nachdem er auch aus einer Revolution als Sieger hervorgegangen, im 96. Jahre für den Thron des östlichen Kaiserreichs ausersehen wird, auf welche Würde er indes verzichtet, und als Doge mit 97 Jahren stirbt – einer von denen, bei deren Erscheinen die Leute aus ihren Häusern eilen, um auf sie zu schauen und ihnen zu gehorchen«.

Wie jedes Ding und Ereignis und jede Zeit, so haben auch das Alter und die Lebensumstände im Alter Nachteile und Vorteile. Und statt die Nachteile hervorzuheben und zu beklagen, gilt es die Vorteile zu erkennen und zu nützen.

Zu den vielen *Vorteilen des Alters* gehören: die größere Ruhe, Gelassenheit und Weisheit und die Geneigtheit, die Dinge von einer höheren Warte aus zu sehen und daher besser zu meistern.

Die Beurteilung der Menschen wie der Umstände wird sachlicher, milder, gerechter. Erfahrung und Routine sind im Alter am größten und geben eine gewisse Überlegenheit. Dazu kommt der Hauptvorteil, daß die geistige Leistung und die Fähigkeit schöpferischen Wirkens mit den Jahren zunehmen.

Wenn man sich an geistige Arbeit und Beweglichkeit gewöhnt und sich lange Zeit mit bestimmten Interessen, Aufgaben und Problemen befaßt hat, besteht die Möglichkeit zu überragenden Altersleistungen. Die besonderen Kräfte und Fähigkeiten, Tendenzen und Talente, die einem Menschen zu eigen sind – und sie sind bei jedem Menschen in einer *anderen* einmaligen Kombination vorhanden –, treten dann hervor. Die schöpferischen Einfälle und Eingebungen werden mit der

Zunahme der Besinnlichkeit im Alter leichter ans Licht gefördert. Sie sind im Grunde keine Frage des Alters, sondern der rechten Nach-Innen-Wendung.

Die bewußte Entfaltung der inneren Kräfte wirkt dabei nicht nur leistungserhöhend, sondern auch *lebenverlängernd*. Die Natur ist gerecht: Ein Leben ohne Inhalt und ständiges inneres und äußeres Wachstum wird von ihr als bedeutungslos gewertet und früher beendet. Ein reiches Leben ständigen Fortschritts hingegen wird von ihr bejaht und lange erhalten.

Je sinnerfüllter ein Leben, besonders im Alter, desto länger und fruchtbarer ist es in der Regel.

»*L*ang ist das Leben, wenn es gut aus-
gefüllt ist«, meint Paolo Mantegazza,
auch wenn es noch so kurz ist. »Was nützt
ein achzigjähriges Dasein, wenn mit Nichts-
tun und ohne Ergebnis dahingebracht? Der
wirkliche Wert des Lebens läßt sich nicht
nach der Zeit, sondern nur nach dem Gebrauch desselben bemessen.«

Darum wandte Hebbel sich vor allem an
die Jugend mit seinem mahnenden Hinweis, die Zeit zu nützen, da sich »im Leben
nichts nachholen und nichts Versäumtes
wiederholen läßt. Jeder Moment hat seine
eigentümlichen, unabweisbaren Forderun-
gen«, die es zu erkennen und zu erfüllen gilt, wenn man nicht am Leben vorbei-
leben will.

In der Tat liegt die Nützlichkeit des Lebens, wie auch Montaigne einräumt, »nicht in seiner Länge, sondern in seiner Anwendung. Mancher zählt viele Jahre und hat doch nur kurz gelebt. Darum seid achtsam, solange Ihr da seid! Es liegt an Eurem Willen, Eurer geistigen Haltung und Zielsetzung, nicht an der Zahl der Jahre, daß Ihr hinlänglich und sinnvoll gelebt habt!«

Weise handelt, wer Bacons Rat folgt, »von morgens bis abends stets freien und heiteren Gemüts zu sein, Neid, Gram und Furcht ebenso wie jedes Übermaß an Freude, Leidenschaft und Ausgelassenheit zu meiden. Es gilt, uns der Hoffnung, der Heiterkeit und der Gelassenheit mehr zu überlassen als dem Sorgen und Entzücken, der Abwechslung von Genüssen mehr als ihrem Überfluß, der zu Überdruß führt, dem Staunen und der Bewunderung, der Beschäftigung mit neuen Gedanken und Idealen, die das Herz begeistern und den Geist beleben und rege erhalten, sich mehr hinzugeben als dem Grübeln und Rück-wärtsschauen.«

Wer so lebt, der gibt seinem Leben mehr Jahre, seinen Jahren mehr Leben und seinem Dasein mehr Inhalt und Gehalt.

»Man muß sich einen Stecken in der Jugend schneiden, damit man im Alter daran gehen kann«, rät der chinesische Weise Kung-Tse. Der griechische Dichter Euripides ergänzt: »Wer in seiner Jugend die Musen vernachlässigt, hat die Vergangenheit verloren und ist für die Zukunft tot.«

Wilhelm von Humboldt gab diesen Erkenntnissen praktischen Wert mit seinem tiefen Wort: »Besser gedeiht der junge Geist, wenn das reife Alter sich seiner annimmt: so verschönert sich auch des Menschen eigene innere Jugend, wenn er schon errungen hat, was dem Geist das Alter gewährt... Doppelt sei die Vermählung: jetzt schon sei im starken Gemüte des Alters

Kraft, daß sie Dir erhalte die Jugend, damit später die Jugend Dich schütze gegen des Alters Schwäche.«

Das höchste Alter erreichen jene, die schon früh neben dem äußeren *Beruf* um ihre innere *Berufung* wissen, die im günstigsten Fall *eins* sind und alsdann bis zuletzt dem Geiste Inspiration und Beharrlichkeit, dem Körper Kraft und Dauer und dem Leben Sinn und Inhalt geben, oder aber *nebeneinander* bestehen, wobei die innere Berufung mit der Zeit immer deutlicher die Führung im Denken, Wollen und Tun des Menschen übernimmt und bewirkt, daß er ständig weiter wächst und reift, entsprechend länger lebt und bis ans Ende rüstig und aktiv bleibt.

Zu den wertvollsten Lebenslehren, die wir den großen Alten verdanken, gehört die, daß *rechte Zielsetzung* das Fundament eines langen und reichen Lebens bildet. Denn »mit jedem Hauch entflieht ein Teil des Lebens; nichts beut Ersatz für das, was Du verloren; drum suche früh ein würdig Ziel des Strebens«, rät Bodenstedt. Gleich ihm Seneca zielbewußte Lebensführung: »Man muß, solange man lebt, lernen, wie man leben soll. Wer immer zum

Höheren strebt und dem Geringeren stirbt, der gewinnt eine erhabene Ruhe allem Irdischen gegenüber.«

Es ist eine Frage der Lebenskunst, die hier berührt und dahin beantwortet wird, daß »nur der Geist, der unverrückbar an ein fernes Ziel glaubt, sich die innere Kraft bewahrt, die ihn über Alltag und Alter hinwegführt«.

Die meisten Menschen machen zuwenig aus ihrem Leben. Das gilt für die Jugend- und Reifezeit wie für das Alter, in dem die größten Reichtümer des Lebens auf Entfaltung und Auswertung warten.

Jeder Lebensabschnitt hat seine besonderen Ziele, deren Erreichung zumeist dem nächsten Abschnitt zugehört. Auch die Ziele der höheren Lebensjahre liegen zum Teil in einer Zukunft, auf die hin der ganze Mensch mit all seinen Fähigkeiten und Kräften sich angelegt zeigt.

Diese Erkenntnis weist nicht nur auf die Bedeutung des höheren Alters, sondern führt auch zur Gewißheit des Weiterlebens, des schrittweisen Reifwerdens für ein größeres Leben, zu dem das gegenwärtige Vorstufe ist und Übergang.

Entscheidend ist, wohin der ältere Mensch den Blick richtet: entsagungsvoll rückwärts in die Vergangenheit – oder zuversichtlich vorwärts in die Zukunft. Davon hängt es ab, wie weit ihm die höheren Lebensjahre als ein *Höherschreiten zu neuen Lebensinhalten* bewußt werden.

Da ihre Erreichung mit der gläubigen Bejahung näherrückt, handelt der recht, der im Alter den Kreis seiner Einsichten und Interessen, Zielsetzungen und Tätigkeiten ständig erweitert – sei es im familiären oder sozialen, im wissenschaftlichen oder künstlerischen, geistigen oder religiösen Bereich. Er rückt damit nicht nur dem fernen Ziel näher, sondern erreicht schon jetzt das Doppelziel, seinem Leben mehr Jahre und den späten Jahren mehr Leben zu geben.

Je älter ein Mensch wird, desto deutlicher sieht er sich vor die Wahl gestellt, mehr nach außen oder mehr nach innen zu leben.

Für den besinnlichen Menschen, der seinen Abend als Krönung und Vollendung des Tages erleben möchte, ist die Wahl nicht schwer:

Mit der zunehmenden Veräußerung, zu der viele im Alter neigen, geht nicht nur das stärkere Bewußtwerden der Vergänglichkeit alles Gewordenen einher, sondern auch das leidvolle Gebundensein an das, was vergeht. Mit der fortschreitenden Verinnerlichung hingegen verklärt sich mit dem Bewußtwerden der unvergänglichen inneren Welt auch das Vergängliche.

Veräußerlichung erhöht das Gefesseltsein an Raum und Zeit und an die Flüchtigkeit aller Dinge, während Verinnerlichung den eigenen Lebensraum und Zeitablauf schaffen hilft, der über dem äußeren liegt.

Sieht der nach außen Lebende in jedem Zeitpunkt das Ende eines Abschnitts, so erkennt der nach innen Gewandte in ihm den Anfang neuen Seins und Wirkens; ihm wird jeder Augenblick zum Repräsentanten der Ewigkeit.

*A*n das *Alter glauben* heißt erkennen, daß Älterwerden Reiferwerden ist und daß dem Schwinden der Jahre ein Gewinn an Wert und Weisheit entspricht.

An das Alter glauben heißt wissen, daß man in der Jugend in die *Länge*, in den mittleren Jahren manchmal in die *Breite* wächst, in den späteren Jahren hingegen in die *Tiefe*, und daß erst dieses Tiefenwachstum zur Vollendung und zur Sinnerfüllung des Lebens führt.

An das Alter glauben heißt gewiß sein, daß das Leben ein beständiger Aufbau und Abbau ist, der in der Jugend beginnt, in den mittleren Jahren die Konturen des Werdenden ahnen und im höheren Lebensalter die Vollendung sichtbar werden läßt.

An das Alter glauben heißt, sich bewußt sein, daß *jede* Lebensstufe für unser Wachsen und Reifen bedeutsam ist und neue Aufgaben und Beglückungen mit sich bringt, weshalb es gilt, bewußt und freudig von einer Stufe zur nächsthöheren aufzusteigen und auf jeder das Höchstmögliche zu erreichen.

An das Alter glauben heißt, von jedem kommenden Tage und Jahre Größeres erwarten, Tieferes aus ihm schöpfen und bewußter in ihm wirken. Es heißt mit den Jahren immer gütiger werden, freudiger schenken und jede Gabe des Lebens dankbarer entgegenzunehmen. *Es heißt, immer selbstloser lieben und gut sein – und damit der Selbstvollendung immer näherzukommen.*

Wer an das Alter glaubt, der erschrickt nicht wie jene, die vor ihm ängstlich die Augen schließen. Er kennt weder Müdigkeit noch Verzicht, sondern schreitet von Erfüllung zu Erfüllung vorwärts. Seine Bahn ist ohne Ende. Was ihn stark und überlegen macht, ist eben dieser Glaube, dem Rainer Maria Rilke Ausdruck gab:

»Ich glaube an das Alter! Arbeiten und alt werden – das ist es, was das Leben von uns erwartet. Und dann eines Tages alt sein und noch lange nicht alles verstehen, nein, aber anfangen, aber lieben, aber ahnen, aber zusammenhängen mit Fernem und Unsagbarem – bis in die Sterne hinein!«

*V*om *Alter* schrieb Seneca in seinen letzten Lebensjahren, daß man es liebevoll behandeln und ihm seine Zuneigung schenken möge, da es eine *Fülle von Freuden* biete, wenn man es recht zu nutzen wisse.

Zugleich gelte es, jeden Tag so zu verbringen, als könnte er auch der letzte sein, und beim Einschlafen zu bejahen. »Ich habe gelebt und den mir vom Schicksal bestimmten Weg zurückgelegt. Wenn Gott mir ein Morgen schenkt, will ich es freudig entgegennehmen.« *Wer so denkt, erhebt sich jeden Morgen mit dem dankbaren Gefühl eines unerwarteten Gewinns.*

Über sich selbst schreibt er im Alter: »Meine geistige Kraft ist ungebrochen, und ich freue mich, nichts mehr mit dem Körper zu schaffen zu haben. Mein geistiges Wesen hat einen großen Teil seiner Last abgelegt. Es ist froh und macht mir den Wert des Alters bewußt, das die *Blütezeit des Geistes* sein soll… Darum lerne ich heute genau so willig wie in der Jugend; denn in der Schule des Lebens kommt es nicht auf die Jahre an, sondern auf den immer wachen Willen zum Lernen, solange noch Mangel an Kenntnissen und Erkenntnissen herrscht (also solange man lebt), und zum ständigen Wachsen und Reifen.

Der Fortschritt entspricht immer den Anstrengungen; und wer nie erlahmt, wird bis zuletzt in der Kunst weiser Lebensführung fortschreiten. So suche ich zu erreichen, *daß mir jeder Tag so viel gilt wie ein ganzes Leben*, um, wenn meine Stunde da ist, als ein innerlich reicher und besserer Mensch aus dem Dasein ins Sein hinüberzuschreiten.«

Einer der revolutionärsten Gedanken Emersons ist der, daß in der Natur ein immerwährendes *Jetzt* herrscht und daß, wer dessen bewußt, die Stunde, den Augenblick füllt, dem Kraftquell zeitlosen Glücklichseins immer nahe. Er klagt nicht: »Schon wieder eine Stunde, ein Tag des Lebens dahin!«, sondern fühlt und bejaht im Innewerden, daß der Augenblick *Ewigkeit* ist: »Ich lebe – ich bin!«

Weil Emerson so dachte und lebte, konnte er bekennen:

»Alter? Ich sehe keinen Mangel in ihm. Solange wir mit dem, was über uns ist, Zwiesprache halten, werden wir nicht älter, sondern immer jugendlicher.«

STETIGER FORTSCHRITT

Wir selbst setzen unserem Dasein die Grenze – durch unsere falsche oder richtige Denk- und Lebensweise. Die meisten Menschen setzen sie aus Unvernunft viel zu früh. Denn die mögliche biologische Lebensdauer des Menschen beträgt nach neueren Feststellungen etwa 120 Jahre. Um sie wenigstens annähernd zu erreichen, muß man, wie Goethe, »wenn man alt wird, zeigen, daß man noch Lust zu leben hat«.

Wer am Leben Anteil nimmt, Ideale im Herzen hegt und sich freudig für sie einsetzt, der bewahrt und steigert seine Rüstigkeit und altert nicht. Und da er »gerüstet« ist und die richtige Lebenseinstellung hat, bekennt er mit Schleiermacher: »Ich will nicht sehen die gefürchteten Schwächen des Alters! Kräftige Verachtung gelob' ich mir gegen jedes Ungemach, welches das Ziel meines Daseins nicht trifft, und *ewige Jugend schwör' ich mir selbst!*«

Wenn wir solchermaßen unbeirrt das Bild der Jugend im Herzen tragen und jedes weitere Lebensjahr als ein Jahr neuen *Fortschritts und Gewinns* an Erkenntnis und Reichtum bejahen, stehen wir innerlich und äußerlich fest wie ein Eichbaum, der unbewegt bleibt von den Stürmen der Jahreszeiten und der Zahl der Jahre.

Jeder im höheren Lebensalter Stehende weiß, wie wichtig für die Pflege der Gesundheit und für die Erhaltung einer gleichmäßigen Gestimmtheit die Bewegung ist: die Bewegung des *Körpers* in Werken und Wanderungen und noch mehr die Bewegung des Geistes, dessen Beweglichkeit erst die Herrschaft sichert über das Gewoge der wetterwendischen leib-seelischen Stimmungen und den Wechsel der Hochs und Tiefs des Gemüts.

Im *Alter* ist es leichter als in der Jugend,

durch rechtes Zusammenspiel von Bewegung und Gelassenheit zunehmende Un-
abhängigkeit vom Auf und Ab des Lebens
zu erlangen und sowohl Unlust und
Schwermut in Zeiten seelischen Tiefs unter sich zu bringen als auch die Stunden der
Hochgestimmtheit glück- und gewinnbrin-
gend auszuschöpfen.

Auch die großen Alten waren nicht
frei von solchen Tiefs und Hochs; aber sie
wußten, wie man sie durch *In-Bewegung-*
Bleiben überwindet und das Bestmögliche
aus ihnen macht.

Regeln der geistigen Jugend- und Schönheitspflege in fünf Leitsätzen:

1. Gewöhne Dich an ruhiges, rhythmisches, *bewußtes Atmen* – unter ständiger Sammlung Deiner Gedanken auf Dein Jung-, Gesund- und Frischsein.

2. Gewöhne Dich an tägliche *Entspannung des Körpers und des Gemüts* – unter bewußtem Abklingenlassen aller Verkrampfungen und Verstimmungen und aller Mißgefühle wie Ärger und Neid, Groll und Haß.

3. Sorge für *regelmäßige Zeiten der Ruhe*, nicht nur nachts, sondern auch tagsüber, und für willige Hingabe an den inneren Frieden und die Harmonie der Seele, die mit der zunehmenden Tiefe der Ruhe auch

in den Körper fließt, ihn harmonisiert und verjüngt.

4. Bejahe Dein ewiges *Jungsein von innen her* – aus dem Kraft- und Lebensbrunnen Deiner Seele; bejahe Dich selbst und dein Glück und sieh in Deinem Körper das willige Instrument und Abbild Deines Geistes, der kein Altern und Vergehen kennt.

5. *Denke Schönes,* Beglückendes, Erheiterndes, Sonniges, Gutes; sieh auch dich selbst im Geiste schön und jung, gesund und stark; baue Deinen Körper von innen her um, indem Du ihn ständig so bejahst, wie Du ihn wünschst; dann werden Dein Gesicht und Aussehen mehr und mehr Deiner inneren Sicht und Haltung

entsprechen und Dein Körper von innen her sichtbar durchseelt und verjüngt.

In dem Maße, wie Du *mentale Kosmetik* nach diesen Regeln betreibst, machst Du auch die äußere Jugend- und Schönheitspflege sinnvoll und erfolgreich.

»Man kommt immer mit dem Leben zurecht, wenn man weiß, daß Leid und Freude sich zueinander verhalten wie Schale und Kern.«

Wenn Widrigkeiten, Beschwerden und Unglück nahen, überlassen die meisten sich dem Gefühl des Daseins des Unerfreulichen und der Schalheit des Lebens wie etwas, was sich nicht ändern läßt, oder versuchen, das Lästige von sich fernzuhalten oder aber die Augen zuzumachen in der Hoffnung, daß der Sturm des Leides sich verzogen hat, wenn sie die Augen wieder aufmachen.

Das allein Richtige aber tun nur die wenigen, die Lebenskünstler: Sie blicken nicht ängstlich weg oder ergeben sich, sondern fassen das Übel fest ins Auge, werten es als Kraft- und Bewährungsprobe, versuchen, das Bestmögliche daraus zu machen und entkleiden es damit seiner Schalheit und Leidigkeit.

Hier kann die obige Lebensweisheit wertvolle Hilfe leisten: Wenn wir ein Übel oder eine Beschwernis von vornherein als die Schale werten, die es zu zerbrechen gilt, um an den schmackhaften Kern, das darin oder dahinter verborgene Gute, heranzukommen, dann gehen wir erstens mit positiver Haltung an die Meisterung des Übels heran und werden leichter damit fertig, zweitens richten wir den Blick in wachsendem Maße statt auf das Negative auf das dahinter auf uns wartende Positive, Erfreuliche und Gute.

Die Macht des Geistes

Wer seelisch stark und in Harmonie mit sich selber ist, bleibt auch körperlich leichter gesund, während Sorgen vor der Zeit alt machen, wie Freidank sagt: »Sorge machet graues Haar, so altert Jugend ohne Jahr.«

Die Sorge, die am schnellsten alt macht, ist die Sorge um den Körper. Wer hingegen unbekümmert und instinktmäßig lebt, sich ganz seinen Aufgaben und Steckenpferden und seinem inneren Wachstum widmet, der ist gegen die Übel der Zeit gefeit und hat die Aussicht, ein hohes, gesundes und glückliches Alter zu erreichen.

Wie Verstimmungen die Gesamtheit der Lebensfunktionen vom Seelisch-Geistigen her ungünstig beeinflussen, so wirkt jedes Ja, jede frohgemute Stimmung, jede Freude lebensteigernd und lebenverlängernd. Wer sein Inneres von negativen Eindrücken und Mißstimmungen freihält und sich an *freundlichen Gleichmut* gewöhnt, der darf ein hohes und rüstiges Alter erwarten.

Die Kunst, in Schönheit zu altern, besteht darin, daß man aus der Not des Alters eine Tugend macht, das Alter als zweite Jugend bejaht, das Leben liebt, sich neue Aufgaben stellt und immer höhere Ziele setzt, als lebte man ewig und als wäre der Tod nur ein Schlaf und eine kurze Unterbrechung.

Wer so denkt, sich für seine Ideale begeistert, seine Aufgaben liebt, der wird wohl älter, aber niemals alt.

Wir bleiben jung, solange wir den Kreis unserer Neigungen, Interessen und Auf-

gaben ständig erweitern, fortwährend dazu-
lernen und uns vom Geiste her immer-
fort erneuern. Wir leben dann, als lebten
wir ewig; und selbst der Tod kann uns
dann nicht schrecken, weil wir fühlen, daß
er kein Untergang ist, sondern ein Übergang.

»Ein glückliches Alter ist eine Folge
rechter Ernährung – aber weniger des
Körpers als des Geistes. Denn schließlich
ist es der Geist, der sich den Körper baut;
und die meisten Menschen, die ein hohes
Alter in Frische und beschwerdenfreier
Rüstigkeit erreichen, sind solche, die nicht

nur den Körper beweglich, sondern vor allem *den Geist lebendig erhielten* oder wenigstens in der zweiten Lebenshälfte ein mehr geistiges Leben führten.«

Der Talmud hat recht, wenn er lehrt: »Je älter die Leute werden, die ein geistiges Leben führen, desto weiter wird ihr Horizont, desto reifer ihre Weisheit und desto reicher ihr Leben; die aber ein weltliches Leben führen und nur an den Körper und seine Genüsse denken, werden mit den Jahren stumpfer« und sterben desto rascher dahin. Darum kann allen, die alt werden und bis ans Ende gesund und leistungsfähig bleiben wollen, nur geraten werden, sich in jedem Jahrzehnt neuen Interessen, Aufgaben, Zielen und Idealen zuzuwenden, ihren Geist recht zu ernähren und zu trainieren. Dann werden sie eines Tages Goethe zustimmen, daß es *»unglaublich ist, wieviel der Geist zur Erhaltung des Körpers vermag, der Geist muß nur dem Körper nicht nachgeben.«*

Diese Macht des Geistes über den Körper wächst, je reichhaltiger die Nahrung, die wir unserem Geiste zuführen, an den Seelenvitaminen der Freude und des Frohsinns, der Bejahung und der Begeisterung ist. Davon profitiert auch der Körper, denn, wie Goethe sagt, »Geist und Körper sind innig verwandt: ist jener froh, gleich fühlt sich dieser frei und wohl. Und manches Übel flüchtet vor der Heiterkeit.« Zu diesen Übeln gehören auch die Beschwerden des Alters. Darum:

Sorge für die Zunahme Deiner
Interessen,
dann wird Dein Körper das Altern
vergessen!

SELBSTERKENNTNIS
UND -VERWIRKLICHUNG

Alle Großen, die lange lebten und Überragendes leisteten, weisen die gleichen seelischen Merkmale auf; geistige Aufgeschlossenheit und Lernwilligkeit, seelische Wachheit und Freudigkeit, Begeisterungsfähigkeit und Lebensbejahung.

Sie alle machen uns bewußt, daß nicht nur die Frühlingsblumen, sondern auch die Herbstblumen den Garten des Lebens schmücken, daß die Menschenseele, die ihre Schönheit im Herbst und Winter offenbart, eine Kostbarkeit und ein Entzükken ist für alle, die nicht nur die Oberfläche der Dinge sehen.

Sie offenbart die Zeitlosigkeit und Todüberlegenheit des Lebens, das nur dort absinkt, wo einer selbstzufrieden oder enttäuscht stillzustehen und auszuruhen beginnt, während, solange er wächst und blüht, das Alter ihm fernbleibt. Den Willigen führen tausend Wege dorthin.

Die Mahnung des griechischen Philosophen Thales: *»Erkenne Dich selbst!«* weist uns auf eine Aufgabe, deren Erfüllung wachsende Freude, Gelassenheit und Überlegenheit mit sich bringt. Selbst-Erkenntnis ist mehr als Einsicht in die Fähigkeiten und Strebungen, Kräfte und Grenzen unseres Ich; sie ist Besinnung auf unseren innersten Wesenskern, unser Selbst.

Gerade im Alter wirkt die Erkenntnis der Zweiheit unseres Wesens befreiend: die Entdeckung, daß hinter dem vergänglichen Ich, der *Persönlichkeit*, die im Alter dahinschwindet und im Tode untergeht, die geistige Monade oder *Individualität* lebt, ein unvergängliches Selbst, für das der Tod kein Untergang ist, sondern ein Übergang.

So führt der Weg der Selbst-Erkenntnis zur *Ahnung eines neuen Frühlings hinter dem Winter des Lebens. Er ist darum im höheren Alter als dessen Sinnerfüllung von entscheidender Wichtigkeit.* Dabei ist der Grad der Erkenntnis unmittelbar am Verhalten ablesbar: der geistig Unerwachte wird als Greis, wie schon Cicero erkannte, »mürrisch, ängstlich, zornig, geizig und empfindlich. Er ärgert sich über alles«. Zur Selbsterkenntnis erwacht, wird er mit den Jahren immer freundlicher, zuversichtlicher und gelassener. Er bejaht alles, freut sich über alles und schreitet schließlich über die Selbsterkenntnis hinaus zur noch höheren Stufe des *Selbstseins* empor.

Viele der größten und erfolgreichsten Menschen gehören zu den »Zeitlosen«, die erkannt haben, daß die sog. »Altersgrenze« in Wirklichkeit weder eine Schaffens- noch eine Leistungsgrenze ist: Jahrzehnte darüber hinaus halten sie sich auf der Höhe ihrer Leistung, ja wachsen unablässig weiter, weil sie die äußere Zeit nicht beachten und nicht an ihre Jahre denken, sondern an ihre Aufgabe, weil sie sich ständig neue Ziele setzen, geistig rege und gewillt bleiben, ihre Leistungen unablässig zu erhöhen, weil sie – der Jugend gleich – nicht rückwärts, sondern vorwärts blicken und an der Gestaltung der Zukunft mitschaffen.

Fügen sie dazu den Vorzug des reifen Alters, alle Dinge mit dem *inneren Zeitsinn* zu werten, sie im Lichte der Ewigkeit zu sehen und alles, was kommt, mit der Gelassenheit des Weisen zu nehmen, dann machen sie jedes neue Jahrzehnt fruchtbarer als das vergangene und demonstrieren die Wahrheit des Wortes: *Wer für die Zukunft schafft, hat Zukunft!*

Schöpferisch tätig bleiben heißt, sich beizeiten neuen Interessen und Aufgaben zuwenden und beachten, wie auch die geringste Beschäftigung durch den *Geist*, der sie belebt, in den Bereich des Schöpferischen erhoben wird. Mit der Aktivierung der produktiven Kräfte geht eine nicht zu übersehende *körperliche Regeneration* einher. Offenbar wird durch die ständige Wach- und Aktiverhaltung des Geistes Vitalenergie, Lebenskraft befreit und der Lebenserhaltung und -verlängerung dienstbar gemacht.

Der Volksmund drückt diese Tatsache in den beiden Sätzen aus: Wer Langeweile hat, weilt nicht lange. *Die Aufgabe erhält lebendig.* Sie erhält den älteren Menschen jung, wenn und weil sie ihn beglückt spüren läßt, daß sie nicht nur sein eigenes Dasein sinn- und gehaltvoll gestaltet, sondern ihn zugleich für die Umwelt, für die menschliche Gemeinschaft wertvoll macht.

Schopenhauer nennt *das Alter die eigentliche Zeit der geistigen Kompensation:* Er stellt den Vorzügen der Jugend – lebhafteres Reagieren von Phantasie, Empfindung und Begeisterung, intensiv-bewußtes Erleben – die des Alters gegenüber – größere Sachlichkeit, Gedanklichkeit, Urteilskraft, Reife, Erfahrung und Gründlichkeit – und betont, alles, was der Jugend eigne, könne im Alter durch Bejahung des inneren Ausgleichstrebens und bewußte Pflege dieser Eigenschaften zu höchster Reife gebracht werden. Denn »den Stoff seiner selbsteigenen Erkenntnis, seiner originalen Grundansichten, also das, was man der Welt zu schenken bestimmt ist, sammelt man schon in der Jugend ein; aber seines Stoffes *Meister* wird man erst in späteren Jahren. Die Jugend bleibt die Wurzel des Baums der Erkenntnis, wenngleich erst das Alter als die Krone die Früchte trägt.«

Wer die reifen Jahre bewußt als die Zeit der Selbstverwirklichung wertet, sich im Vertrauen auf den inneren Ausgleicher nicht benachteiligt, sondern bevorzugt fühlt, sein Reichsein an inneren Kräften bejaht und diese mutig betätigt, der bewirkt und erfährt, *daß die wertvollsten Leistungen seines Lebens und die reifsten Früchte des Geistes den höheren Jahren zugehören.*

»Zu leben ohne zu altern, sich bis zuletzt frisch zu fühlen und das Beste seiner Jugendkraft und Eindrucksfähigkeit sich zu erhalten, und dann, wenn das letzte Stündlein naht, in den Tiefen seiner Seele den Glauben früherer Jahre zu spüren und in sicherer Hoffnung sanft zu entschlafen – ist das nicht ein beneidenswertes Los?«, fragt Marden und fügt hinzu:

»Der Sonnenuntergang ist gerade so schön und oft herrlicher als der Sonnenaufgang. Das Ende des Lebens sollte und kann gerade so schön und erhaben sein wie der Anfang. Solange Dir das Licht der Hoffnung über alle Enttäuschungen hinweg leuchtet und Du allen Schwierigkeiten mit heiterem Mute begegnest, ist es dem Alter unmöglich, seine Furchen in Dein Antlitz zu graben.

Solange Du optimistisch und hoffnungsvoll bist, fröhlich, begeisterungs- und hilfsbereit, solange zählst Du zu den Jungen. Das Jugendelixier, das die Alchemisten suchten, ist *in uns:* es liegt im rechten Denken und in der Harmonie unseres Geistes, der kein Vergehen kennt. Wer dazu findet, der ist mit 70 glücklicher noch als mit 17.«

Solange einer geistig jung bleibt, bleibt er es auch körperlich. Solange er innerlich am Leben teilnimmt, sich auf der Sonnenseite des Daseins sieht und immer *guter Dinge* ist, wird er sich von lauter *guten Dingen* umgeben sehen und den Jungbrunnen in sich selber finden, und »sein Alter ist wie seine Jugend«.

»Das *beste Lebenselixier*, das ich kenne«, sagt Marden, »ist eine *das ewige innere Jungsein bejahende Geisteshaltung*: es erhält den Körper von innen her rüstig und hält das Altwerden fern.«

Das Altwerden verhindert nicht, wer sich müht, mit kosmetischen Mitteln und jugendlicher Kleidung jung zu erscheinen, wohl aber der, der sich gewöhnt, seine innere Jugendlichkeit zu bejahen und sich jung zu fühlen.

Was einer innerlich vorwiegend denkt

und fühlt, bringt sein Körper äußerlich zum Ausdruck! Wer sich innerlich unvergänglich weiß, hält die äußeren Zeichen des Vergehens von sich fern.

Wir haben den Kampf um das Jungbleiben bereits zur Hälfte gewonnen, wenn wir im Geiste das strahlende, heitere, zuversichtliche, lebensfrohe Bild unseres Jungseins unentwegt festhalten und in dieser positiven Haltung auf weite Sicht fortschrittsfreudig und wagemutig planen, streben und wirken, ohne die Zeit zu beachten! Jeder bejahende Gedanke in dieser Richtung ist ein Tropfen Lebenselixier für den Körper und erhält ihn über die Jahrzehnte hinweg frisch, spannkräftig und leistungsfähig.

Seine volle Wirkung entfaltet dies Jugend-Elixier, wenn wir bei alledem das Leben nicht zu ernst und zu wichtig nehmen, sondern uns zur Regel machen, uns täglich für ein paar Minuten lächelnd dem Leben und der Arbeit zu entziehen, um uns auf uns selbst zu besinnen und uns bewußt zu bleiben, daß wir, richtig denkend, auf der Sonnenseite des Daseins leben, für alles Schöne und Hochstimmende Zeit haben und von Jahr zu Jahr fortschreiten, wachsen und reifer werden.

Solange wir dessen bewußt bleiben, werden wir wohl älter und innerlich wie äußerlich reicher und größer, aber nie alt, nie müde und verbraucht. *Wir haben dann mit 40 die Weisheit des 80jährigen und mit 80* immer noch die lebendig-frohe Schaffenskraft des 40jährigen.«

Als höchstes Ziel des Lebens nennen die Weisen das der *Selbstverwirklichung*. Aber wie viele erreichen es?

Oscar Wilde nannte es tragisch, »wie wenig Menschen vor ihrem Tode im Besitz ihrer Seele sind. Nach Emerson ist beim Menschen nichts so selten wie eine eigene Willenshandlung; die meisten sind nur Verwirklicher fremden Wollens. Die meisten Leute sind andere Leute. Ihre Gedanken sind die Gedanken anderer.« Sie leben nicht eigentlich, sie werden gelebt. Sie besitzen Selbstbewußtsein, selten aber Selbst-Bewußtsein.

Dabei ist *jeder* berufen und befähigt, zum Selbstsein, zur Selbstverwirklichung zu finden. »Auch der Geringste, wenn er *ganz* ist, kann glücklich und in seiner Art vollkommen sein.« Alles ist Einstellung, und letztlich kommt es darauf an, daß einer das, was in ihm angelegt ist und was in seiner Jugend keimte, im späteren Leben erkennt und zur Frucht bringt. Das kann, wie Albert Schweitzer sagt, jeder:

»Die Ideen, die das Wesen und das Leben eines Menschen bestimmen, sind ihm auf geheimnisvolle Weise gegeben. Wenn er aus der Kindheit heraustritt, fangen sie an, in ihm zu knospen. Wenn er von der Jugendbegeisterung für das Wahre und Gute ergriffen wird, blühen sie und setzen Frucht an. In der Entwicklung, die wir nachher durchmachen, handelt es sich eigentlich nur darum, wieviel von dem, was unser Lebensbaum in seinem Frühling an Frucht ansetzte, an ihm bleibt.«

Das aber, und was man daraus macht, hängt von jedem selbst ab. Und das Ermutigende ist, daß es *nie zu spät* ist, mit dieser Selbstverwirklichung Ernst zu machen. Sie ist im Alter sogar leichter als in jungen Jahren, in denen zuviel lockendes Nichtiges den Blick vom Wesentlichen ablenkt. Bei dieser Aufgabe sind wir ganz auf uns selbst gestellt.

Fremde Hilfe ist hier weder möglich noch nötig. Denn hier geht es um die Selbst-Erkenntnis durch immer erneutes Nachsinnen über die Frage: *»Wer bin ich?«*, um das bewußte Abstreifen all dessen, was nicht eigentlich zu einem gehört, was nur Hülle ist, Schale und wesensfremd, bis am Ende der Kern, das Wesen, das reine *strahlende Selbst* übrig bleibt, das seiner selbst bewußt und seiner Unvergänglichkeit und Einheit mit dem Ewigen gewiß ist.

Von da an ist der Mensch »im Besitz seiner Seele«, hat die höchste Forderung: *»Sei Du selbst!«* erfüllt und ist fähig, wirklich zu leben.

ZWEITE JUGEND

Wenn der Mensch sich dem Drängen der Natur hingibt, fühlt er jedesmal, wie neue Kraft ihn durchpulst und die Schlacken der Vergangenheit wegspült. Er wird dann in wenigen Monaten ein neuer Mensch mit einem verjüngten Körper.

Aber die meisten beachten den Wink der Natur nicht, sträuben sich gegen die Wandlung und wähnen, sie hätten den Höhepunkt ihrer Leistungskraft erreicht und überschritten, von nun an gehe es bergab… Da sie es glauben, und da jeder Gedanke nach Verwirklichung strebt, tritt ein, was sie fürchten.

In Wirklichkeit bedeuten Krisen jenseits der Lebensmitte nur, daß ihr Körper sich erneuern will. *Ihr höheres Selbst ist in dieser Übergangszeit dabei, ihren Organismus von innen her zu regenerieren.* Aber sie hasten und jagen weiter, sträuben sich gegen die Zeit der Ruhe, zwingen ihren Körper, aus Angst vorm Versagen, erst recht sein Äußerstes herzugeben, halten vorübergehende Schwäche für Verfall und verunmöglichen es damit der Natur, ihnen zur Neugeburt zu verhelfen und eine zweite Jugend einzuleiten.

Je später die produktiven Jahre liegen, desto besser, weil in ihnen dann die größere Erfahrung und Reife, Übersicht und Überlegenheit des Alters Ausdruck findet, wie die überragenden Spätleistungen der großen Geister und Meister der Menschheit zeigen.

Mit ihnen vergleichen wir diese späten produktiven Jahre, in denen ein höheres Wachstum und eine reinere Schau beginnt, jenen beglückenden Abenden, »wo schon ein Stern im Osten flimmert, während die Sonne noch nicht ganz versunken ist.«

*»M*an bleibt jung, solange man noch lernen, neue Gewohnheiten annehmen und Widerspruch ertragen kann.« Mit diesem Wort gab Marie von Ebner-Eschenbach (1830–1916) jener Altersweisheit Ausdruck, die keiner überzeugender demonstrierte als Goethe, der immer lernende, jedem neuen Gedanken aufgeschlossene, ständig sich wandelnde, nach jedem Irrtum tieferer Einsicht zureifende und stets wieder zu sich selbst zurückkehrende alte Weise von Weimar.

Eckermann schildert in seinen »Gesprächen mit Goethe in den letzten Jahren seines Lebens«, wie der 80jährige Dichterfürst – an einem Abend im März 1828 – alle Anwesenden durch seine Lebhaftigkeit mitriß. »Der Klang seiner Stimme und das Feuer seiner Augen war von solcher Kraft, als wäre er von einem frischen Auflodern seiner besten Jugend durchglüht.« Dabei sprach Goethe so entschieden der Jugend das Wort, daß Eckermann sich – im Blick auf Goethe selbst, der doch »selber in so hohen Jahren einem bedeutenden Posten vorstand« – gedrängt fühlte, auf jene Großen hinzuweisen, die sich im hohen Alter durch jugendliche Energie, Beweglichkeit und geniale Leistungen auszeichneten.

Goethe beantwortete diesen Einwand mit dem eigener Erfahrung entspringenden Hinweis, daß geniale Naturen bewußt eine *wiederholte Pubertät* erleben:

»Jede Entelechie (der zielstrebige innerste Wesenskern, die Seele des Menschen) ist ein Stück Ewigkeit, und die paar Jahre, die sie mit dem irdischen Körper verbunden ist, machen sie nicht alt.«

Zwei Dinge sind es, die einen Menschen jahrzehntelang jung erhalten, meint ein befreundeter 80jähriger Schulmann: einmal Tatsache, daß einer, der *geistig rege* lebt und das, was er tut, *mit Begeisterung* betreibt, seinen Jahren mehr Leben und seinem Leben mehr Jahre gibt; zum anderen der Umstand, daß die *fortschrittsfreudige und bejahende Lebenshaltung* das Altwerden verhindert oder verlangsamt und die Voraussetzungen schafft für das Eintreten der sogenannten *»zweiten Leistungswelle«*.

»Ich glaube nicht, daß der Mensch geistig alt werden muß«, sagt der große englische Schriftsteller und Sozialkritiker George Bernard Shaw in seinen Lebenserinnerungen. »Die Schöpfung geht ununterbrochen weiter, und ein Mensch kann täglich neu geboren werden. Ein Stück von ihm kann immer Kind bleiben. Die Hauptsache ist, sich für alles Neue zu interessieren«, im Strom der Zeit freudig mitzuschwimmen, geistig beweglich zu bleiben

und das auch in Haltung und Verhalten aus-
zudrücken, den Kreis der Interessen und
Tätigkeiten mit den Jahren zu erweitern
und im übrigen beständig in der *Gegenwart*
zu leben, die allein wirklich und unvergänglich ist!

Das ist in einer Nußschale das, was jeder
beachten und tun sollte, der ein hohes
Alter in geistiger und körperlicher Frische
und Rüstigkeit zu erreichen wünscht.

LIEBE ZUM LEBEN

*R*ichtig lebt, wer zu jeder Zeit in der Gegenwart lebt und die Aufgaben, Freuden und
Erfüllungen des Lebensabschnitts, in dem er sich
gerade befindet, erkennt, bejaht und das Beste daraus macht. Dann hat er wirklich teil an allen
Vorzügen des schrittweisen Reiferwerdens
und genießt alsdann in den höheren Jahr-
zehnten des Daseins die größere innere
Ruhe und Abgeklärtheit, das Freisein von
ängstlichen Sorgen und jene Gelassenheit

des Alters, die, wie Humboldt sagt, »den Dingen der Welt ihre Schärfe und Schwere nimmt und sie in das innere Licht der Gedanken stellt, wo man sie in größeren, immer beruhigenden Zusammenhängen sieht.«

Wer so lebt, der wird wohl älter, aber nicht alt, weil er zu jeder Zeit im Jetzt lebt und sich damit der Ewigkeit immer gleich nahe weiß!

Richtig denken heißt: in der Gegenwart leben; den Daseinsabschnitt, in dem man steht, als den schönsten und bedeutsamsten des ganzen Lebens erkennen; sich selbst und die Aufgabe, die man lebt, bejahen; für alles, was der Tag bringt, wach und aufgeschlossen sein; und sich allem, was man tut, mit Liebe und Begeisterung hingeben!

An dem, der so denkt und lebt, gehen die Jahre spurlos vorüber. Weil er lebendig ist, verhindert er Erstarrung und Verkalkung. Weil er innerlich nicht altert, bleibt er auch äußerlich jung.

Weil er den Mut hat, sich um Alter und Tod nicht zu bekümmern, sondern schöpferisch tätig und ein Segen für andere zu sein, sorgt der Geist des Lebens für seine Erhaltung und schenkt ihm im Alter Beglückungen und Einsichten, die kein anderer Lebensabschnitt dem Menschen zu geben vermag.

In seinem philosophischen Hauptwerk *Die Welt als Wille und Vorstellung* sagt Schopenhauer: »Sanftmut, Geduld, Redlichkeit, Wahrhaftigkeit, Uneigennützigkeit, Menschenfreundlichkeit usw. erhalten sich durch das ganze Leben und gehen nicht durch Altersschwäche verloren; in jedem hellen Augenblick des Geistes treten sie unvermindert hervor, wie die Sonne aus Winterwolken.«

Gleiches gilt von allen Kräften des Charakters und der Seele, die nicht nur von den Wandlungen des Körpers unberührt bleiben, sondern diese Wandlungen ihrerseits aufhalten und auf lange Zeit zum Stillstand bringen können. Die großen Alten beweisen es täglich aufs neue, wie sehr der Geist den Körper zu beherrschen, zu bestimmen und zu verjüngen vermag.

Und zum Glück ist es nie zu spät, sich von dieser Einsicht leiten und – erneuern zu lassen.

»*Das Geheimnis ewiger Jugend liegt im Ja!*« erkannte und lehrte Johannes Müller. »Darum gibt es Greise, die werden immer freundlicher, klarer, lichter, geduldiger. Wenn sie scheiden, ist's, als ob eine Sonne von freundlichem Glanze unterginge für ein Haus, für eine weite Umgebung. In denen ist das Ja zum Siege gekommen, schon lange; und es entfaltete sich immer köstlicher und verschlang den Schutt des Nein.«

Zum Glück kann jeder von uns dahin gelangen: Er braucht nur dem Geist des Lebens zu vertrauen und sich daran zu gewöhnen, immer seltener Nein und immer häufiger Ja zu sagen und das Leben zu lieben. *Dann erlebt er, von innen her, eine zweite Jugend, und der frische Lebensmut und das Bewußtsein ewigen Geborgenseins wird ihn nicht mehr verlassen.*

Die *Blickrichtung* bestimmt die Lebensrichtung und den Körperzustand weit mehr, als die meisten ahnen. Je düsterer einer das Leben sieht, desto schwerer und ärmer wird es. Die Menschen hingegen, die sich auf der Sonnenseite des Lebens sehen, sich ein heiteres Gemüt bewahrt haben, für alles Gute und Schöne aufgeschlossen sind und *mit* dem Leben gehen, haben die beste Aussicht, doppelt so lang und gut zu leben wie jene, die überall Mängel und Mißstände sehen, sich neuen Gedanken verschließen und geistig stillstehen.

Keiner kann lang jung bleiben, der zu wachsen aufhört. Und keiner wächst weiter, der nicht mehr freudig am Leben teilnimmt.

Vorzeitig alt zu werden, ist leicht: Man braucht nur das Altwerden zu fürchten, zu erwarten, zu fühlen, das Leben verneinen und oft an das Ende zu denken.

Genau so leicht aber ist es, jung zu bleiben und lange zu leben: Man braucht nur das Leben zu lieben, sich jung zu fühlen und froh sein ständiges Wachstum und die Zunahme seiner Kräfte und Fähigkeiten zu bejahen.

Beide bedienen sich des gleichen Gesetzes, nach welchem der Mensch das wird und erreicht, was er vorwiegend fühlt und denkt.

Man kann aus der Art, wie einer seinen Tag bis zum Abend verbringt, zuverlässige Schlüsse ziehen, wie sein Leben und sein Lebensabend aussehen werden: durchlebt er den Tag ohne Sorge, ist ihm ein von vorzeitig alt und krank machender Sorgsucht freies Leben gewiß. Hetzt er durch den Tag, wird er vom Leben wie vom Alter wenig haben. Nur wer den Tag meistert, wird sich auch als Lebensmeister erweisen.

Wer sich gewöhnt, tagsüber allem die beste Seite abzugewinnen, zuerst das Gute zu sehen, stets das Beste zu erwarten und bewußt sein Bestes zu geben, der darf ein erfolgreiches Leben und ein sonniges Alter erwarten. Wer tagsüber von früh bis spät etwas vorhat und freudig schafft, wird im Alter viele Liebhabereien haben und weisheitsvoll leben, und die Dinge werden ihm sichtbar entgegenkommen…

So hat jeder sein Leben und sein Alter in der Hand: hier und jetzt – durch die Art, wie der den heutigen Tag verbringt, dessen Ablauf eine Vorwegnahme und ein prophetisches Bild seines Lebenslaufs ist.

Je weniger wir auf das Vergängliche sehen und je mehr auf das Ewige in und hinter allem, auch in unseren Werken, je mehr also der *innere Mensch* die Herrschaft antritt, desto durchgeistigter, zeitloser, jünger wird sein Werkzeug, der Körper, und *desto lebendiger haben wir teil am Strom des Lebens, der an seiner Mündung mächtiger ist als an seiner Quelle und den das Leben Bejahenden behutsam hinaus-*

trägt in den Ozean des Größeren Lebens ewiger Jugend, das kein Stumpfwerden und Altern und kein Ende kennt…

Viele große Werke der Menschheit wurden von Männern und Frauen geschaffen zu einer Zeit, in der die Gleichaltrigen sich längst zur Ruhe gesetzt haben. Als der englische Philosoph und Mathematiker, Soziologe und Nobelpreisträger Bertrand Russel als 88jähriger sein Buch *Weisheit des Westens* herausgab, um sich danach neuen Aufgaben zu widmen, unterstrich er damit die hier vertretene Feststellung, *daß jeder so jung ist, wie er sich fühlt und bejaht.*

Die Weisheit, von der Russel spricht, ist nicht Frucht und Schmuck des Alters, sondern *Ergebnis innerer Reife, die nichts mit den Jahren zu tun hat, sondern dem zeitlosen inneren Wesenskern des Menschen eigen ist und sich darum in jedem Lebensalter offenbaren kann.*

Die meisten Menschen leben mit ihrem Bewußtsein *aus dem Körper* – und dann erscheint das Altwerden als unerfreulich, das Jungbleiben als schwer. Sie klammern sich an eine bestimmte Lebensstufe, obwohl das nicht Reife, sondern Mangel an Lebenskunst verrät.

Anders jene, die – bewußt oder unbewußt – *aus dem Geiste leben*. Sie wissen um ihr inneres Jungsein und erhalten auch den Körper jung und gesund durch die Lebendigkeit ihrer Gedanken und durch das Streben nach Sinnerfüllung ihres Lebens.

Das Leben ist jeden Augenblick neu. Glücklichsein ist keine Frage des Alters. Jeder neue Morgen ist eine Neugeburt im Kleinen und kann Anfang eines neuen Lebens sein mit neuen Hoffnungen und Zielsetzungen, neuem Anfang, neuen Fortschritten und Erfüllungen.

Für den zum Geist erwachten, aus dem Geiste lebenden Menschen ist das Geburtsdatum bedeutungslos, wesentlich hingegen der Grad der inneren Wachheit und Aufgeschlossenheit, die Zielklarheit und Sinnerfülltheit des Lebens. Sie sind es, die den Menschen zeitlos und aktiv erhalten und bewirken, daß die Jahre spurlos an ihm vorübergehen.

Eines der wichtigsten Mittel, das Altwerden hintanzuhalten, das Leben zu verlängern, besteht darin, daß man die Vorgänge, die vorzeitig alt machen, wenigstens während des Schlafes ausschaltet und dafür sorgt, *daß der Geist beim Einschlafen mit heiteren, dankbaren und frohen Vorstellungen erfüllt ist.* Noch mehr tut, wer sich auch tagsüber daran gewöhnt, an allem nur das Gute zu sehen und das weniger Gute zu übersehen, die Menschen nicht zu kritisieren, sondern sie gern zu haben und alles Erfreuliche dankbar anzuerkennen und zu loben.

In Harmonie
mit dem Ewigen

»Menschen, die früh alt werden, sind es eigentlich immer gewesen«, meint der Arzt und Philosoph Carl Ludwig Schleich. Jugendlichkeit und Greisenhaftigkeit sind an keine Zeit gebunden, sie sind eine Sache des Herzens, der Aufgeschlossenheit und Bereitschaft oder Unbereitschaft zu ständigem Wachstum und Fortschritt.

Gottfried Keller ahnte diese Wahrheit, als er schrieb: »Je älter wir werden, desto mehr lernen wir den Frühling schätzen. Dem unbewußten Genießen folgt die Absicht, keinen der flüchtigen Lenztage des Lebens zu verlieren, und obgleich wir fühlen, *daß der Geist ewig jung bleibt,* möchten wir doch neben seinen Früchten noch einige Blüten der leiblichen Jugend glänzen sehen.«

Wir entsprechen damit, wie Emerson ergänzt, durchaus dem Willen der Natur, in der alles in ewiger Erneuerung begriffen ist. Sie haßt das Alter, soweit es Stillstand und Zurruhesetzung bedeutet, Trägewerden und Kleben am Alten; denn sie will, daß jedes Wesen zu jeder Zeit seines Daseins willig weiter schreitet und dahin wirkt, daß der Abend jeden Tages nichts sei als ein Fortschritt und Übergang zum neuen Morgen.

»Die Natur will, daß wir nicht auf das blicken, was *hinter* und *unter* uns liegt, sondern auf das hin in Bewegung bleiben, was *vor* und *über* uns ist. Dann werden wir nicht älter, sondern jünger. So lebt das Kind, das sich den Eindrücken überläßt, die ihm von überall her zuströmen… In der Natur ist jeder Augenblick neu, das Vergangene ist vergessen, nur das Kommende ist heilig. Nichts ist gewiß als das Lebendige, der Übergang, der Antrieb, der Fortschritt. Gewiß enthält jeder Fortschritt, jede neue Stellung des Menschen die Elemente und Kräfte der alten, *aber alle sind erneuert. Sie tragen alle Vergangenheit in sich, sind aber selbst eine Ausströmung des Morgen, Ahnung und Verheißung der Zukunft.«*

Jeder alte Mensch erhofft sich eine *positive Lebensbilanz*. Mancher fühlt, daß dazu die Erhaltung der *Balance*, des inneren Gleichgewichts, ebenso Voraussetzung ist wie das Interessiert- und *Aktiv*-Bleiben für die Sicherung eines *Aktivums*, eines Guthabens auf dem Schicksalskonto.

Schiller weist einen sicheren Weg dorthin, wenn er sagt, wir seien »nur da ganz Mensch, wo wir *spielen*«. Das heißt: Wenn wir das Leben als Schauspiel nehmen, in dem jeder die Rolle, die der Geist des

Lebens ihm gab, zu spielen hat, dann ist klar, daß er sie um so besser spielt, wenn er es *willig und aktiv* tut, bis er von der Bühne abtreten, die Maske ablegen und wieder er selbst sein darf, wenn er also bis ans Ende ein *guter Mitspieler* und im Wandel der Formen und Situationen und im Wechsel der Wesen sich selber und seiner Rolle treu bleibt.

Das Alter ist in diesem Lebensspiel nur ein *neuer Akt* – mit neuen Situationen, Aufgaben und Wandlungen, an denen es zu lernen und zu wachsen und in denen es unsere Rolle zu meistern gilt. Je bewußter wir auch diesen Teil unserer Lebensrolle ausbauen, wenn nötig, geschickt improvisieren, ihm neue Lichter aufsetzen, ihn mit einem neuen Ton und Geist erfüllen, desto höher erheben wir uns über den Alltagsschein und desto mehr Freude und Beglückung gewinnen wir daraus für uns wie für andere.

Die großen Seher aller Zeiten waren weise gewordene Alte, die schon zu Lebzeiten mit einem Fuß die Schwelle zwischen Zeitlichkeit und Ewigkeit überschritten und eben darum dem Leben überlegen waren. Sie erfüllten eine Aufgabe, die im Grunde allem Leben gestellt ist. Denn, wie Marie von Ebner-Eschenbach einmal bekannte, *»in der Jugend lernt*

man, im Alter versteht man… Alt werden heißt sehend werden.«

Wer sich auf diese Wahrheit und damit auf seine Aufgabe in den höheren Lebensjahren besinnt, der erhebt sich im gleichen Maße über die kleinmenschlichen Unzulänglichkeiten wie über die Unbill des Alters und lernt, zu lächeln, wo andere sich grämen und lähmen.

Es ist eines der Geheimnisse des Jungbleibens der Großen und Weisen der Menschheit, daß sie durchweg einer sonnig-heiteren Lebensanschauung zuneigten und das Leben bejahten und sich zugleich inmitten der Zeitlichkeit stets *dem Ewigen nahe und verbunden* wußten. Die Erfahrung lehrt, daß, wer sich mit dem Ewigen in Harmonie weiß, weder geistig noch körperlich abnehmen kann, sondern gewissermaßen zeitlos, also jung bleibt.

Ähnliches sprach Wilhelm von Humboldt in seinen »Briefen an eine Freundin« aus:

»Der Reiz der Jugend besteht in dem heiteren und unbefangenen Hineinstreben in das Leben. Mit dem Alter ist es nichts anderes: es ist im Grunde, wo es schön und kräftig empfunden wird, ein Hinaussehen aus dem Leben, ein Steigen des Gefühls, daß man die Dinge verlassen wird, ohne sie zu entbehren, indem man sie doch zugleich liebt und mit Heiterkeit auf sie hinblickt und mit Anteilnahme bei ihnen verweilt.«

Wer solchermaßen im Leben das ewige Fortschreiten sieht, der wertet und macht den jeweiligen Augenblick oder Abschnitt seines Lebens zum wichtigsten Teil und Repräsentanten der Ewigkeit, der er sich innerlich immer gleich nah und verbunden weiß.

Wenn wir tief genug in uns hineinlauschen, bis wir die leise Stimme der Seele vernehmen, wissen wir es auch. Zuerst ahnen und schließlich fühlen wir, daß Schopenhauer die Wahrheit sprach: *Wenn*

einer tief in sich hineinhorcht, weiß er, daß er etwas anderes ist als der vergängliche Leib. »Daraus entsteht ihm die Zuversicht, daß der Tod wohl seinem Dasein, jedoch nicht seinem Leben ein Ende macht«, sondern ihn zu einem anderen, höheren Sein und Leben hinüberleitet, das gewisser ist als das an Täuschungen und Ungewißheit reiche Sinnendasein.

Je älter man wird und je mehr man sich mit dem inneren Leben und der geistigen Welt vertraut macht, desto verständlicher wird einem, was der große chinesische Weise Lao-tse als Letztes lehrte: »Alles auf der Welt wächst, blüht und kehrt zu seiner Grundlage zurück. Rückkehr zu dieser Grundlage bedeutet Ruhe und Harmonie mit der Natur. Harmonie mit der Natur bedeutet Bewußtwerden des Ewigen. *Bewußtwerden des Ewigen bedeutet das Ende der Furcht vor dem Vergehen und Gewißsein des Lebens ohne Ende.«*

Wenn die Sonne sich dem Untergang zuneigt, treten mit wachsender Dämmerung die ewigen Sterne hervor und lassen die unendlichen Weiten der kosmischen Lebensreiche ahnen.

Gleichermaßen werden für den, der am Lebensabend besinnlich *nach innen* schaut, in der Dämmerung seiner Tage verheißungsvoll die Sterne des Ewigen als

Boten eines größeren Lebens sichtbar, wie es der Liederdichter Ludwig Uhland im hohen Alter erkannte:

»Das Lied, es mag am Lebensabend schweigen,
Sieht nur der Geist dann heil'ge Sterne steigen,«

und noch deutlicher Goethe: »Am Abend des Lebens gehen dem gefaßten Geiste *Gedanken auf, bisher undenkbare*; sie sind wie selige Dämonen, die sich auf den Gipfeln der Vergangenheit glänzend niederlassen« und von dort her in eine neue Zukunft weisen.

Wer sich von den Sinnen und der Sinnenwelt weg- und der Innenwelt zuwendet, der tritt nicht nur aus der Zeit in die Zeitlosigkeit, sondern gelangt zugleich aus seinem vergänglichen in sein ewiges Wesen und entdeckt mit Goethe: »Jedes Wesen, jede Entelechie ist ein Stück Ewigkeit, und die paar Jahre, die sie mit dem irdischen Körper verbunden ist, machen sie nicht alt.«

Nur der äußere Mensch altert und vergeht; der innere weiß um seine Ewigkeit. Wie kann einen da noch das Schwinden der Zeit und das Vergehen des Leibes bekümmern, dient doch beides nur dem Erwachen und Gedeihen des inneren Menschen und dem Bewußtwerden seiner Unvergänglichkeit.

Quellennachweis

K. O. Schmidt: *Schönheit des Alters.* Die zweite Leistungswelle, Altersreife und Geistesblüte durch dynamische Selbsterneuerung und Lebensverlängerung. © by Verlag Hermann Bauer KG, Freiburg im Breisgau 1963, 4. Auflage 1980.

K. O. SCHMIDT

SCHÖNHEIT DES ALTERS
Die zweite Leistungswelle

Die Zeit ab dem 50. Lebensjahr kann bei richtiger Einstellung und Aktivierung, besonders der geistigen Fähigkeiten, Ausgangspunkt jahrzehntelanger Rüstigkeit und fruchtbaren schöpferischen Wirkens sein. Viele Künstler und Wissenschaftler haben in dieser Zeit ihre besten Kräfte entfaltet. Gerade die Zeit der Reife macht den Menschen für Erkenntnisse und Einsichten wach und aufnahmefähig, die der Jugend noch verschlossen sind. Das Buch lenkt den Blick auf die Zeitlosigkeit unseres inneren Wesens. So wird es möglich, die besonderen Freuden und Vorteile, die dieser Lebensabschnitt bietet, zu erkennen und auszuschöpfen.

276 S., kart.; DM 19,80
ISBN 3-87667-169-8

Reichl Verlag · »Der Leuchter« · St. Goar